NOTICE
NÉCROLOGIQUE

SUR

M. le Conseiller LEFEBVRE DE TROISMARQUETS,

LUE A LA SÉANCE GÉNÉRALE DE LA SOCIÉTÉ ROYALE ET CENTRALE
D'AGRICULTURE, SCIENCES ET ARTS DU DÉPARTEMENT DU NORD,
DU 23 JUIN 1843, PAR M. CAHIER, CONSEILLER A LA COUR
ROYALE DE DOUAI, MEMBRE RÉSIDANT DE LA SOCIÉTÉ.

MESSIEURS,

C'est un usage touchant que celui qui fait revivre pour un instant les collègues que le trépas nous enlève ; ainsi s'établit entre les morts et les vivants, entre les services passés et les services présents, une solidarité qui donne à notre Société force, durée, honneur.—Il nous faut tout ce que cette pensée a d'encourageant, tout ce qu'elle peut faire espérer d'indulgence, pour que, nous que rien ne distingue entre vous, qui tous eussiez bien mieux fait, eussiez bien mieux dit, nous puissions vous entretenir du dernier collègue que vous avez eu la douleur de perdre, pour que nous tentions de vous montrer quel vide il a laissé dans nos rangs.

Monsieur DE TROISMARQUETS appartenait à une famille qui depuis long-temps compte parmi ses membres un de ces citoyens dont la patrie aime à inscrire les noms dans ses fastes.

Vous savez, Messieurs, quels lamentables revers étaient venus affliger la vieillesse de Louis XIV : trois ans avant la mort de ce monarque, devant lequel s'était inclinée toute l'Europe, la France était épuisée par les guerres de la succession d'Espagne ; les conférences d'Utrecht étaient restées stériles ; l'agriculture et le commerce se trainaient dans une morne langueur ; l'esprit de l'armée était démoralisé, et cependant il fallait tenter la force des armes, et 50 lieues à peine séparaient l'ennemi de la capitale ; au commencement du mois de mai 1712, le prince Eugène vint dans cette Flandre, théâtre sanglant des fureurs de la guerre, triste et fatale contrée trop étroite pour contenir les armées qui la dévoraient, prendre le commandement de ses troupes. Il en dirigea une partie sur Denain, dans le but de couvrir cette place et un camp retranché qu'il y avait établi ; l'autre fut disposée sur une longue ligne qui de Denain s'étendait jusqu'à Douai. Du 20 au

26 mai, Eugène passa l'Escaut entre Bouchain et Denain, et vint prendre position le long de la Seille, sa droite appuyée à Lieu-St.-Amand, sa gauche à Solesmes et à Cateau-Cambrésis. Le 7 juin, il franchit la Seille et alla investir le Quesnoy, qui capitula le 3 juillet. — Un homme alors se rencontra, tout-à-fait étranger à l'art militaire, qui fut frappé de la faute qui avait échappé au grand capitaine, dont les lignes se trouvaient trop étendues, les magasins trop éloignés, dont un des principaux lieutenants, lord d'Albermale, isolé à Denain, ne pouvait être, au besoin, assez promptement secouru. Un conseiller du Parlement de Flandres (A), M. Lefèvre d'Orval, remarque que l'ennemi peut facilement être attaqué vers Denain et Marchiennes; il conçoit le plan de cette attaque; ce plan, il le communique à l'intendant de la province qui le transmet à Versailles; le maréchal de Villars le reçoit à son tour, il en comprend l'importance, l'exécute, et le 14 juillet la France est sauvée à Denain (B).

Un neveu de M. Lefèvre d'Orval, Jean-Thomas-Robert Lefebvre de la Mairie, conseiller au Conseil supérieur d'Artois et député aux États de cette province pour l'ordre du tiers-état, reçut au mois de décembre 1771 du roi Louis XV des lettres de noblesse, dans lesquelles sont rappelés, avec les droits qui lui sont personnellement reconnus à cette distinction, ceux du président Lefèvre d'Orval, son

---

(A) V. note I.
(B) V. note II.

oncle paternel (C). Le fils de M. Lefebvre de la Mairie, Jean-Thomas-Benoit-Joseph Lefebvre, sieur de Troismarquets, fut conseiller au Conseil d'Artois, et mourut le 18 juin 1819, président du tribunal d'Arras, entouré d'une estime que sa famille a eu la satisfaction de voir constater par un témoignage public, qui ne devait être que trop tôt renouvelé.

C'est de ce dernier que le 26 avril 1784, naquit à Arras Thomas-François-Joseph Lefebvre de Troismarquets, notre collègue.

Petit-fils, fils, petit-neveu de magistrats, il fut, en quelque sorte en naissant, voué à la magistrature. Aussi, dès qu'après les orages de la révolution le retour du calme et de l'ordre eut ouvert à l'étude, à la science, des asiles sûrs, son père voulût-il que l'esprit du fils, espoir de sa vieillesse, fût formé et agrandi par des travaux judicieusement combinés, en même temps que son cœur continuerait à recevoir, ainsi qu'il l'avait jusqu'alors reçu dans sa famille, l'impression salutaire et toujours féconde des grands principes de la religion. Une institution venait de s'organiser à Paris où l'éducation, aussi bien que l'instruction, étaient dirigées avec autant d'attention que de zèle. Confié à des maîtres vraiment consciencieux, le jeune Lefebvre devint, entre de pareils guides, tout ce qu'il pouvait devenir, et quand il les quitta, suivi de leur sincère affection, il avait été par leurs soins merveilleuse-

---

(C) V. note I, n°. 2.

ment disposé à des études plus élevées. Ce fut donc avec autant de fruit que d'application qu'il suivit ses cours de droit, et il ne les avait pas encore terminés que, jaloux de faire profiter les autres des lumières qu'il avait déjà acquises, il imagina d'enseigner le droit romain. Un de ses compatriotes, qui fut ainsi son élève, devint son ami, et plus tard son collègue, pourrait aujourd'hui redire, comme il nous l'a dit à nous-même, tout ce que ces leçons, complaisamment offertes par un jeune adepte à de plus jeunes néophites, avaient de grâces et de charmes, non moins que de méthode et de solidité.

Nous savons du même collègue que Lefebvre de Troismarquets suivait en même temps avec scrupule une haute conférence de droit, où souvent il se distinguait dans les rôles qui lui tombaient en partage.

Ce n'était pas seulement par son commerce avec la science, c'était aussi par une parfaite régularité d'habitudes, par une grave austérité de mœurs, lustre heureux de sa jeunesse, par toute la prudence d'un âge plus avancé, que le futur magistrat se préparait aux destinées qui l'attendaient.

Il avait depuis un peu moins de trois mois atteint sa vingt-huitième année, lorsque par un décret impérial, daté du quartier-général de Wilna, le 2 juillet 1812, il fut nommé conseiller-auditeur à la Cour Impériale de Douai, sur la présentation de la Compagnie.

Il trouva dans ce poste l'avantage de seconder parfois Messieurs les officiers du Parquet dans leurs travaux, et son zèle, aussi bien que les talents dont il avait fait preuve, lui avaient donné des droits à la faveur du Prince, lorsque le 26 avril 1816, le jour même où il atteignait sa trente-deuxième année, il fut nommé avocat-général près la même Cour.

On pourrait, à bon droit, s'étonner qu'il ne soit pas demeuré plus long-temps dans ces fonctions, si l'on ne savait que trop souvent les effets sont loin de s'expliquer par leurs causes. Un fait d'un ordre absolument étranger à la manière dont le jeune avocat-général avait répondu aux espérances que l'on avait conçues de son mérite, des suffrages politiques détournés du but auquel son chef immédiat voulait atteindre, l'écartèrent du Parquet pour le placer sur un siége de conseiller. L'ordonnance qui lui conféra l'inamovibilité est du 26 février 1817.

Ce sera dans une autre enceinte, et par une voix plus exercée que la nôtre, qu'il sera dit quels services M. de Troismarquets a, pendant 25 ans, rendus au sein d'une Cour où il avait pris une des premières places, quel zèle et quelle exactitude il mettait à l'accomplissement de ses devoirs, quelle part d'expérience et de lumières il apportait dans les délibérations et dans l'examen des affaires, quelle courtoisie dans ses relations avec ses collègues, quelle aménité vis-à-vis des membres du barreau et des justiciables, quels étaient son intégrité, son ardent amour pour la justice ; qu'il nous soit permis néanmoins de rappeler que le choix éclairé des chefs de la magistrature le désigna quinze fois dans le département du Nord, autant dans celui du Pas-de-Calais, pour présider ces débats solennels qui reçoivent de l'intelligence qui les conduit leur plus ou moins de grandeur, leur influence plus ou moins efficace et une notable partie de leurs résultats. L'importance de cette mission, M. de Troismarquets la comprenait tout entière, et ses efforts tendaient incessamment à se maintenir à sa hauteur. Une étude préliminaire et approfondie de chaque affaire, en lui fournissant des moyens assurés de contrôler les éléments de la discussion, laissait à son esprit toute liberté pour maîtriser les incidents de l'audience; par la facilité et l'élégance de sa parole, il fixait l'attention du jury; par une constante impartialité, il commandait sa confiance, en même temps que par sa fermeté et sa dignité il savait conserver aux débats une imposante élévation. Aussi, lorsque le 2 mai 1842 il reçut la décoration de la Légion-d'Honneur, une récompense si bien placée fut-elle vue avec faveur par toutes les opinions véritablement impartiales.

Admis le 25 février 1818 au nombre des membres résidants de cette Société, M. de Troismarquets sut reconnaître cet honneur par une collaboration utile et éclairée. Il a rendu des services particuliers dans la plupart des occasions où vous aviez à vous occuper de l'amélioration de la race chevaline. Toutes les fois que vous avez été consultés par le gouvernement à ce sujet, la Société composait une commission spéciale dont il ne manquait jamais de faire partie. Il y apportait avec zèle le fruit de ses connaissances et d'une expérience qu'il avait acquise en élevant lui-même des poulains dans une de ses propriétés du Boulonnais. Vous l'avez vu, au Congrès scientifique, tenu à Douai en 1836, fournir à la question de savoir quel serait le meilleur mode à adopter pour encourager et faciliter dans le département du Nord, l'amélioration de la race des chevaux du pays, des réponses claires et précises, qui eurent d'autant plus de poids qu'elles étaient fondées sur une pratique consommée, secondée par de continuelles et habiles observations.

Au demeurant, vos archives conservent des traces de ses travaux; le 26 mai 1837, il avait fait et déposé un rapport écrit sur une nouvelle méthode trouvée par le capitaine de cavalerie autrichienne Balassa, *pour ferrer les chevaux vicieux sans faire usage de la force et sans exposer à aucun danger ceux qui se livrent à cette opération.*

Cette méthode, que votre rapporteur vous signalait et que vous avez regardée comme méritant d'être propagée, avait pour point de départ cette observation que les animaux, comme les hommes, ont des droits qui ne peuvent être dédaignés, que la douceur et la bonté ont sur eux le plus puissant empire, et cette vérité, devenue triviale, que généralement on cède à la bonté, on résiste à la rigueur, on obéit à la raison. Avant de considérer et de vous expliquer quelles conséquences l'officier autrichien est arrivé à tirer de ces deux principes, notre spirituel collègue ne peut s'empêcher de remarquer, avec cette fine ironie qui lui était propre, que dans les armées d'Allemagne ces mêmes principes auraient pu être appliqués aux hommes avant de l'être aux chevaux. Puis avec autant de clarté dans l'exposition que de netteté dans les déductions, il parvient et vous amène à la conclusion que vous avez adoptée.

Un officier des haras royaux, attaché au dépôt d'étalons d'Abbeville, M. Bertolacci, avait, en 1837, adressé à M. le Préfet du département du Nord un mémoire sur les moyens d'améliorer la race des chevaux flamands. Ce mémoire vous a été transmis par M. le Préfet ; une commission l'a examiné avec attention, et le résultat de cet examen vous a été présenté par M. de Troismarquets dans un rapport, qui, par son importance et l'excellence des vues qui s'y trouvaient développées, a mérité d'être classé parmi vos mémoires imprimés.

M. de Troismarquets avait donc bien mérité de la Société ; vous avez jugé que le titre de membre honoraire lui était dû, et vous le lui avez décerné le 24 décembre 1841.

Il n'existait pas seulement chez notre digne collègue cette droiture universelle qui le portait à s'appliquer également à tous ses devoirs et à les réduire tous à leurs fins justes et légitimes, qui l'empêchait de voir le mal et d'y croire, une noblesse de sentiments qui prenait sa source dans la noblesse de son cœur ; il offrait encore dans le commerce de la vie, dans ces relations qu'établissent les rapprochements du monde, la similitude des occupations, la communauté des pensées, des qualités que nous oserons appeler plus usuelles, plus à la portée de tous ! Il semblait

avoir pour règle cet axiôme de Platon : « Nous ne vivons
» pas seulement pour nous-mêmes : la patrie réclame une
» partie de notre vie ; nos parents et nos amis en réclament
» une autre part. » En effet, s'il est vrai de dire, que l'on
voyait réunies chez lui cette sorte de fierté d'âme, de
dignité de caractère que produit naturellement une haute
situation sociale, on ne saurait oublier qu'elles n'excluaient
pas la politesse la plus exquise ; ses habitudes, ses idées,
ses manières aristocratiques se conciliaient avec une affa-
bilité qui ne se démentait jamais ; et qui ne sait combien
il était heureux que l'on vint mettre à contribution cette
obligeance, pleine d'abnégation, qui ne demandait que les
occasions de se produire ? Est-ce donc ici qu'il faut parler
des ressources si variées de son esprit, des agréments
souvent si piquants de sa conversation ? Avons-nous besoin
de dire avec quel empressement il aimait à faire de sa
maison soit à la ville, soit à la campagne, un centre
d'aimable réunion ? Il est surtout une voix qui pourrait
proclamer bien haut tout ce que son cœur avait de réelle-
ment bon, c'est celle de l'indigence tant de fois secourue
par ses dons ; mais gardons-nous d'insister sur sa bienfai-
sance, ce serait oublier combien cette vertu était chez lui
facile et naturelle.

Pourquoi faut-il qu'une vie si bien remplie ait été sitôt
tranchée ? Elle ne devait pas finir cependant sans qu'il fût
réservé à M. de Troismarquets de donner encore de ces
exemples qui ne s'oublient pas. Il se voit en proie à une
maladie, hélas ! incurable. Il se sent déchiré par les dou-

leurs les plus aiguës, et il appelle à son secours la résignation et la patience. Il reconnaît que le moment va bientôt venir où devra se consommer pour lui le sacrifice de tous ces biens qui peuvent ici-bas donner le bonheur, l'amour d'une compagne noble, grande, généreuse comme lui, qui depuis treize ans a su si bien le comprendre et vivre de sa vie, l'affection et la reconnaissance d'amis dévoués, l'estime de ses concitoyens, une fortune honorable, une position entourée de dignité ; chrétien sincère et plein de foi, il offre à Dieu ce sacrifice, et Dieu, qui l'accepte, rend, avant le dernier passage, quelque repos à son corps ébranlé, fait descendre sur son front les sublimes secours de la religion, dans son âme ses consolantes espérances, et permet que, tout éloigné qu'il soit de ses foyers domestiques, il expire entre les bras d'une épouse, d'un frère et d'un ami.

Le 20 janvier de cette année a privé la Cour royale de Douai, et notre Société, d'un collègue qui leur a laissé de vifs, longs et unanimes regrets.

Il a voulu, avant de fermer les yeux, que son nom fût long-temps encore béni par le pauvre et que la cité qui l'avait vu naître ne cessât pas de le compter parmi ses bienfaiteurs. Aussi la ville d'Arras reconnaissante a-t-elle rendu à sa cendre un hommage semblable à celui dont elle avait récompensé les services de son père (A).

Vous le voyez, Messieurs, M. de Troismarquets n'avait

(A) V. note III.

pas besoin, pour échapper à l'oubli, du trop faible tribut que nous venons de payer à sa mémoire ; cette conviction nous est bien nécessaire, car sans elle nous craindrions avec trop de raison de n'avoir pas atteint le but que nous avait montré votre pieuse confraternité.

NOTES.

(1) Les titres de M. le conseiller Lefèvre d'Orval à la gloire que doit attacher à son nom la conception de cette entreprise célèbre (Folard) ne peuvent pas être sérieusement contestés.—Il en existe des preuvres authentiques, 1° dans une pension viagère de 1200 fr. qui fut accordée au président Lefebvre, par lettres du 28 juillet 1715, avec reversibilité de la moitié sur son épouse qui en jouissait à sa mort arrivée en 1783. (L'auteur de la notice sur M. de Troismarquets a vu ces lettres précieusement conservées dans la famille.)

2°. Dans des lettres de noblesse données par Louis XV, en décembre 1771, à M. Robert-Thomas Lefèvre de la Mairie, où on lit que M. Lefèvre d'Orval, son oncle paternel, nommé président honoraire en la Cour du Parlement de Flandres, après avoir été successivement revêtu des charges de conseiller du Conseil de Tournay, et de président du Conseil provincial de Valenciennes, avait rendu d'éminents services à l'Etat, soit en contribuant à la défense de Tournay, soit *en donnant l'idée de l'importante affaire de Denain*, soit en suggérant les réserves qui se remarquent dans le traité d'Utrecht.

3°. Dans le témoignage que se plait à rendre le chevalier de Folard, *Commentaires sur Polybe*, t. II, p. xxvii et suivantes :
« Tout le reproche que j'ai à me faire dans cette affaire de De-
» nain, dit-il, c'est d'avoir négligé d'apprendre à nos lecteurs le
» nom de celui qui fut l'auteur de cette entreprise célèbre. Son

» nom ne m'était pas inconnu non plus que son mérite. Plusieurs
» avaient pensé comme lui, cela n'est pas impossible ; d'autres
» se sont attribué cette action, ce qui n'est pas un miracle : si
» elle eût échoué, pas un seul ne se serait présenté pour être in-
» séré dans cette préface. Car aucun de ceux qui ont écrit de cet
» événement n'a sçu le nom de celui qui se mit dans l'esprit un
» dessein d'un si grand éclat. Je l'appris de M. Voisin, ministre
» et secrétaire-d'état pour la guerre, dont je fus fort étonné,
» puisque l'auteur de cette entreprise n'est pas du métier. C'est
» le président Lefebvre d'Orval, alors conseiller au Parlement de
» Cambrai. Il envoya son plan à la Cour où il fut goûté. Qui que
» ce soit ne l'ignore hors nos écrivains, qui n'en ont aucune nou-
» velle. Le maréchal de Villars, habile et éclairé comme il l'est,
» en sentit toute l'importance, etc...... » Et plus bas : « Si l'exécu-
» tion d'un projet de guerre tout-à-fait extraordinaire illustre un
» grand capitaine, celui qui en fait voir la possibilité par l'intel-
» ligence des lieux ne mérite-t-il pas quelque portion de cette
» gloire ? Qui pourrait la lui refuser ? Il s'en faut pourtant bien
» qu'il en ait toujours sa part. On élève des autels, on érige des
» fêtes au général qui a mis fin à l'aventure. Qui pourrait le dé-
» sapprouver sans injustice ? Mais que le nom de celui qui est
» seul cause de l'événement demeure enseveli dans les ténèbres
» les plus épaisses et dans un silence éternel, c'est ce que je ne
» puis souffrir. Il est donc juste que celui de ce magistrat passe
» à la postérité, et qu'il devienne illustre dans l'histoire. »

(II) Ceux qui savent qu'un curé et un conseiller de Douai nommé Lefevre d'Orval, imaginèrent les premiers qu'on pouvait
aisément attaquer Denain et Marchiennes, serviront mieux à
prouver par quels secrets et faibles ressorts les grandes affaires
de ce monde sont dirigées. Lefevre donna son avis à l'intendant
de la province, celui-ci au maréchal de Montesquieu, qui commandait sous le maréchal de Villars ; le général l'approuva et l'exé-
cuta. Cette action fut en effet le salut de la France, plus encore
que la paix avec l'Angleterre. Le maréchal de Villars donna le

change au prince Eugène. Un corps de dragons s'avança à la vue du camp ennemi, comme si on se préparait à l'attaquer, et tandis que ces dragons se retirent ensuite vers Guise, le maréchal marche à Denain avec son armée sur cinq colonnes (24 juillet 1712.) On force les retranchements du général Albermale défendus par 17 bataillons; tout est tué ou pris. Le général se rend prisonnier avec deux princes de Nassau, un prince d'Anhalt et tous les officiers. Le prince Eugène arrive à la hâte, mais à la fin de l'action, avec ce qu'il peut amener de troupes; il veut attaquer un pont qui conduisait à Denain, et dont les Français étaient maîtres; il y perd du monde et retourne à son camp, après avoir été témoin de cette défaite.

Tous les postes, vers Marchiennes le long de la Scarpe, sont emportés l'un après l'autre avec rapidité. On pousse à Marchiennes défendue par 4000 hommes; on en presse le siège avec tant de vivacité qu'au bout de trois jours on les fait prisonniers, et qu'on se rend maître de toutes les munitions de guerre et de bouches amassées par les ennemis pour la campagne. Alors toute la supériorité est du côté du maréchal de Villars. L'ennemi déconcerté lève le siège de Landrecies, et voit reprendre Douai, le Quesnoy, Bouchain. Les frontières sont en sûreté. L'armée du prince Eugène se retire, diminuée de près de cinquante bataillons, dont quarante furent pris, depuis le combat de Denain jusqu'à la fin de la campagne. La victoire la plus signalée n'aurait pas produit de plus grands avantages.

(*Voltaire.*—Siècle de Louis XIV, ch. 23.)

(III) Par son testament du 24 janvier 1843, M. de Troismarquets avait fait un legs important à la maison des Dames de Charité d'Arras. Le conseil municipal de cette ville « voulant recon- » naitre, au nom des pauvres de la commune d'Arras, la généro- » sité dont ils ont été l'objet », a, suivant une délibération du 15 février 1843, concédé gratuitement le terrain nécessaire pour que M. Lefebvre de Troismarquets fût inhumé au cimetière d'Arras, auprès des restes de son père.—Etaient présents à cette délibération MM. Colin, *maire*, président, Pillain-Gaudermen et Wartelle-Deretz, *adjoints*; Allart-Cavrois, Ansart, Arnoult, Billet, Canelle, Corne, Cornille, Crespel, Dehée, Delavallée, Deretz, Dudouit, Hurtrel (Jean), Lantoine, Martin, Plichon, Renard-Desongnies, Renard-Rohart, Roguin et Toursel.

Douai.—ADAM D'AUBERS, imprimeur.

www.ingramcontent.com/pod-product-compliance
Lightning Source LLC
Chambersburg PA
CBHW061612040426
42450CB00010B/2456